T0209049

essentials

essentials liefern aktuelles Wissen in konzentrierter Form. Die Essenz dessen, worauf es als „State-of-the-Art" in der gegenwärtigen Fachdiskussion oder in der Praxis ankommt. *essentials* informieren schnell, unkompliziert und verständlich

- als Einführung in ein aktuelles Thema aus Ihrem Fachgebiet
- als Einstieg in ein für Sie noch unbekanntes Themenfeld
- als Einblick, um zum Thema mitreden zu können

Die Bücher in elektronischer und gedruckter Form bringen das Fachwissen von Springerautorinnen kompakt zur Darstellung. Sie sind besonders für die Nutzung als eBook auf Tablet-PCs, eBook-Readern und Smartphones geeignet. *essentials* sind Wissensbausteine aus den Wirtschafts-, Sozial- und Geisteswissenschaften, aus Technik und Naturwissenschaften sowie aus Medizin, Psychologie und Gesundheitsberufen. Von renommierten Autorinnen aller Springer-Verlagsmarken.

Margit E. Flierl · Hatto Brenner

Geschäftlich in Indien

Aus der Praxis für die Praxis

2. Auflage

Springer Gabler

Margit E. Flierl
Nürnberg, Deutschland

Hatto Brenner
Erlangen, Deutschland

ISSN 2197-6708   ISSN 2197-6716   (electronic)
essentials
ISBN 978-3-658-40679-0   ISBN 978-3-658-40680-6   (eBook)
https://doi.org/10.1007/978-3-658-40680-6

Die Deutsche Nationalbibliothek verzeichnet diese Publikation in der Deutschen Nationalbibliografie; detaillierte bibliografische Daten sind im Internet über http://dnb.d-nb.de abrufbar.

Planung/Lektorat: Claudia Rosenbaum
Springer Gabler ist ein Imprint der eingetragenen Gesellschaft Springer Fachmedien Wiesbaden GmbH und ist ein Teil von Springer Nature.
Die Anschrift der Gesellschaft ist: Abraham-Lincoln-Str. 46, 65189 Wiesbaden, Germany

Was Sie in diesem *essential* finden können

- Einen Überblick über den erfolgreichen Umgang mit indischen Geschäftspartnern und Kollegen.
- Hintergrundinformationen zu Religion, Kasten, Kultur, Bildung und den Einfluss im modernen Geschäftsleben.
- Tipps für die Kommunikation und Verhandlung mit indischen Geschäftspartnern.
- Praktische Hinweise für Dienstreisen in Indien.

Vorwort

Seit der wirtschaftlichen Öffnung des Landes 1991 ändert sich die Indische Gesellschaft in rasantem Tempo. Von den mehr als 1,4 Mrd. Menschen, die in Indien leben, befinden sich zwar immer noch mehr als 50 % an der Armutsgrenze, die Zahl der Vermögensmillionäre, die derzeit ca. 860.000 beträgt, steigt jedoch ebenso weiter an wie die Kaufkraft einer ca. 400 Mio. starken Mittel- und Oberschicht.

Dies führt u. a. zu einer zunehmenden Nachfrage nach Qualitätsprodukten sowohl im Konsumgüter- als auch im Investitionsgüterbereich. Indien, das gerade noch als Entwicklungsland galt, wird mehr und mehr u. a. zu einer IT-Hochburg. Insbesondere der Kfz-Sektor gilt als zentraler Technologieträger für die Entwicklung des Landes. Dies wird auch dadurch begünstigt, dass eines der großen Probleme der indischen Gesellschaft, der Analphabetismus langsam abgebaut wird. So stellen z. B. Studenten aus Indien inzwischen die drittgrößte ausländische Studentengruppe in Deutschland dar.

Ich stehe seit mehr als 40 Jahren im geschäftlichen und freundschaftlichen Kontakt zu diesem Lande. In keinem anderen Lande der Welt habe ich widersprüchlichere Informationen und Bilder erhalten als in Indien. Mittelalter und Neuzeit treffen ebenso zusammen, wie „Amboss" und „Software-Schmiede".

In diesem *essential* „Geschäftlich in Indien" erhalten Sie einen interessanten und lebendigen Überblick über die Möglichkeiten und Chancen, die dieses Land bietet. Frau Margit E. Flierl als ausgesprochene Indienkennerin baut eine tragfähige Brücke zu dem ca. 7000 km entfernten „Chancen-Land".

Januar 2023   Hatto Brenner

Inhaltsverzeichnis

Über die Autoren

Margit E. Flierl Betriebswirtin, Fachkauffrau Einkauf/Materialwirtschaft, Fremdsprachenkauffrau Englisch und interkultureller Coach, war von 1981 bis 1996 in Führungspositionen in der deutschen Industrie tätig. Ihre Aufgabengebiete brachten sie mit Geschäftspartnern in Japan, Hongkong, Taiwan, USA, Singapur, Thailand, China, Tschechien und Italien in Kontakt.

Von 1996 bis 1998 arbeitete sie als kaufmännische Projektleiterin für ein deutsches Unternehmen in Hyderabad/Indien. Die Aufgabenstellung war die Verlagerung einer Produktion von Tschechien zu einem indischen Produktionspartner.

Seit 1999 ist Margit Flierl mit ihrem Unternehmen Delta Consultants EK für deutschsprachige Kunden erfolgreich in Indien unterwegs. Sie unterstützt ihre Klienten bei Outsourcing-Aufgaben, Entwicklungsdienstleistungen, Projektarbeit und der Gründung von Produktionsstätten. Darüber hinaus arbeitet sie als Senior Trainer und Coach im Bereich Interkulturelles Training und Management. Ihre Projekte bringen sie nach wie vor zwei- bis dreimal im Jahr nach Indien, sodass ihre Expertise über den Wandel in Indiens Industrie und Gesellschaft den Bogen von 1999 bis 2023 spannt.

Dipl.-Wirtsch.-Ing. Hatto Brenner verfügt über langjährige Erfahrungen in leitenden Positionen international tätiger Unternehmen.

Als selbstständiger Berater, Seminaranbieter und Buchautor hat er sich auf den Themenbereich „Internationales Business Development" spezialisiert.

Mit seinem international verankerten Dienstleistungsangebot unterstützt er vorwiegend mittelständische Unternehmen beim Aufbau und bei der Abwicklung internationaler Geschäftsaktivitäten.

Als Präsidiumsmitglied international orientierter Unternehmerverbände fördert er grenzüberschreitende Geschäftsaktivitäten der Mitgliedsunternehmen.

Einführung

1

Margit E. Flierl

Januar 2023

Ich beobachte Indien seit 1996 und bin fasziniert von den Fortschritten einerseits und von der Kontinuität andererseits.

Gab es vor 20 Jahren noch 9 US\$-Milliardäre in Indien, so sind es heute 199. Wesentlich mehr Menschen haben Zugang zu Bildung – gleichzeitig lebt nach wie vor ca. die Hälfte der Bevölkerung am Land und von der Landwirtschaft. Und unter der Armutsgrenze von 2 US\$ am Tag.

Waren die international geprägten, „verwestlichten" Inder vor 20 Jahren die Ausnahme, so sind sie heute in den Führungsetagen der Konzerne Standard. Doch auch hier gibt es Kontinuität: die jungen Menschen, die in die Betriebe kommen – gleichgültig ob Tech oder Produktion – sind noch genauso „jungfräulich" und traditionell wie vor 20 Jahren und brauchen Guidance und Anleitung.

Das Bildungswesen hat sich in Indien nicht wirklich verbessert. Ja, es gibt absolute Spitzen-Institute, die sich im globalen Vergleich ohne Weiteres messen können. Und leider auch ja: Es gibt genügend Institute, deren Ausbildung die Studierenden keineswegs befähigt, sich im globalen Geschäftsleben schnell zurecht zu finden. Der größte Nachteil bleibt weiterhin, dass sich die Ausbildung fast ausschließlich auf den theoretischen Teil konzentriert.

Das Paradox für den Westen hat sich nicht reduziert. Wir sehen technische Entwicklung und Digitalisierung auf einem Niveau, von dem Deutschland per heute nur träumen kann. Viele Herausforderungen haben sich nur verschoben, sind jedoch nicht behoben.

© Der/die Autor(en), exklusiv lizenziert an Springer Fachmedien Wiesbaden GmbH, ein Teil von Springer Nature 2023
M. E. Flierl und H. Brenner, *Geschäftlich in Indien*, essentials,
https://doi.org/10.1007/978-3-658-40680-6_1

Meine Zuneigung und Respekt zu diesem Volk haben sich seit 1996 nicht
verändert. Ich sehe mit einem Schmunzeln, was die Pandemie in Indien ausgelöst
hat. Dinge, die früher undenkbar erschienen, sind heute der neue Standard, wie
z. B. Homeoffice und eine veränderte Einstellung zu Hausangestellten.
Es wird also nicht langweilig. Die vorliegende 2. Auflage beinhaltet Änderungen, die sich durch die Pandemie ergeben haben. Wie bereits in der 1. Auflage
betrachten wir den Typ Inder, den Sie voraussichtlich im Geschäftsleben, in
Tech/Produktion/IT/Biotech und ähnlichen Industrien antreffen werden.

Ich lade Sie ein, die Faszination zu Indien mit mir zu teilen.

Noch ein Satz zum Gendern: ich respektiere Inderinnen wie Inder aller Religionen oder sonstiger Orientierungen gleichermaßen. Im Text wird das generische
Maskulinum zwecks besserer Lesbarkeit wertneutral verwendet.

Grundlegende Überlegungen

2

Indien ist – wie viele andere asiatische Länder – ständig kontextbezogen und situativ. Zunächst werden immer in Sekundenschnelle die Machtverhältnisse durchdacht, deren Einschätzung direkte Auswirkung auf die Kommunikation und Verhaltensweise des Einzelnen hat.

2.1 Die Einflüsse auf das Verhalten

Indien beeindruckt durch seine Vielfalt und die Bandbreiten an Verhaltensweisen und Charakteren, die im geschäftlichen Kontext anzutreffen sind (Tab. 2.1).

Verhalten und Kommunikation werden auch von der Rolle beeinflusst, in der sich der Inder tatsächlich befindet oder in der er sich fühlt:

- Kunde
- Lieferant
- Mitarbeiter
- Kollege
- Vorgesetzter usw.

Eine Nation gespaltener Persönlichkeiten!

2.2 Indische Alleskönner

Inder können aus eigener Sicht einfach alles. Es gibt nichts, was ein Inder nicht kann – so drücken sie sich zumindest aus.

Zwei Dinge können Inder allerdings nicht wirklich:

M. E. Flierl und H. Brenner, *Geschäftlich in Indien*, essentials,
https://doi.org/10.1007/978-3-658-40680-6_2

3

Tab. 2.1 Persönliche und strukturelle Attribute des Verhaltens

Persönliche Attribute	Strukturelle Attribute
• Traditionelle oder moderne Erziehung • Schulbildung • Studium in Indien oder im Ausland • Erfahrung im Umgang mit ausländischen Gesprächspartnern • Weltoffen – extrovertiert • Introvertiert – keine Auslandserfahrung	• Alter • Stellung in der Hierarchie (und somit ggf. Erwartungen an „Leadership") • Senioritätsprinzip • Wertschätzung (Appreciation) • Anleitung (Guidance)

a) Ein klares, deutliches „Nein" sagen (es sei denn als Kunde oder Beamter) – das wäre unhöflich – und

b) Kontextfragen stellen: ein großes Thema für Deutsche, die gewohnt sind, dass Fragen Interesse und Aufmerksamkeit signalisieren. Nicht so in Indien.

Fallbeispiel zu a)

Sie sind gemeinsam mit einem indischen Gesprächspartner in Mumbai am Flughafen und wollen mit der Fluglinie „JetAir" nach Chennai fliegen. Sie stellen eine harmlose Frage, wie z. B. „Do you think JetAir will be on time today?" Die Antwort könnte lauten: „I am sure they will be quite on time" – leider auch, wenn per SMS bereits die Information vorliegt, dass sich der Flug um zwei Stunden verspätet.

Diese Situation lässt sich 1:1 auf das Arbeitsleben übertragen. Dort würde die Frage vielleicht lauten „Can the work be ready on Friday?" und die Antwort „Sir, we will sit and work on it".

Was ist passiert? Der indische Gesprächspartner erkennt augenblicklich die Hoffnung auf einen pünktlichen Abflug bzw. ein pünktlich abgeliefertes Arbeitsergebnis. Ab diesem Zeitpunkt geht es aus indischer Sicht nicht mehr um Fakten, sondern um das „Wohlfühl-Gefühl" der anderen Person.

Fallbeispiel zu b)

Eines der klassischen Missverständnisse zwischen Indern und Deutschen: Der Deutsche erklärt einen Sachverhalt oder führt eine Schulung durch. Am Ende kommt die höfliche Frage, ob es Fragen zum Thema gibt. Die Inder sitzen still da, wackeln mit dem Kopf und stellen keine einzige Frage. Der Deutsche schließt hieraus, dass alles klar ist, und wundert sich später, warum an der Sache nicht gearbeitet wird oder auf ganz andere Weise als erwartet.

2.3   Indische Arbeitsteilung vs. deutsche Effizienz

Indien ist arbeitsteilig organisiert. Es gibt so viele und vor allem relativ billige Arbeitskräfte, dass Effizienz und „ordentliche Nutzung von Zeit und Ressourcen" noch nicht im Vordergrund stehen. Das ist sicher in den verschiedenen Industrien unterschiedlich: Während die Software-Industrie und automotive Zulieferer schon erhebliche Effizienzgedanken hegen, ist dieser Gedanke in den traditionellen und in (halb-)staatlichen Industrien noch nicht unbedingt angekommen. Dagegen zu rebellieren ist sinnlos. Effizienz einzufordern braucht sehr viel Fingerspitzengefühl und Einfühlungsvermögen. Sobald dem indischen Unternehmer der eigene Kostenvorteil bewusst wird, werden sich Änderungen einstellen. Bis dahin: Geduld bewahren!

Eine indische Führungskraft formulierte es einmal so: „Inder jonglieren lieber mit 100 Bällen in der Luft, als einmal drei Bälle gründlich abzuarbeiten und dann nur noch mit 97 Bällen zu jonglieren". Richtig.

Religion, Kasten, Kultur, Bildung

3

Indien ist ein säkularer Staat. 80 % der Inder sind Hindus, weitere 14 % Muslime, alle anderen Religionen sind im einstelligen Prozentbereich vertreten. Es gibt keine Staatsreligion. Es herrscht Religionsfreiheit und ein überwiegend friedliches Miteinander. Religiöse Konflikte sind oft von lokalpolitischen Ereignissen angestachelt und stellen seltener eine Art von Fanatismus dar.

Hierbei ist besonders die Entwicklung seit Amtsantritt von Narendra Modi, Premierminister seit 2014, zu betrachten. Seine BJP (Bharatiya Janata Party; Regierungspartei) rückt zunehmend nach rechts. Einzelne Minderheiten, besonders Muslime, fühlen sich inzwischen diskriminiert.

3.1 Kastenwesen

Ausschließlich Hindus sind im Kastenwesen organisiert (vgl. Tab. 3.1). Es gibt keine „Sonderkasten" für Mitglieder anderer Religionen oder für Ausländer. Der Hinduismus übt (offiziell) keine weltliche Macht im Staatsleben aus, sh. oben.

Es wird geschätzt, dass unter diesen fünf großen Gruppen über Varnas (Berufsbezogenheit), Jatis (Geburtsgruppe/sozialer Stand) und Communities (lokale Untergruppierungen der oben genannten) insgesamt ca. 4000 Untergruppierungen vorhanden sind.

Früher war die Kaste berufsbestimmend. Heute entscheidet die Bildung (und natürlich die Eltern), welcher Beruf ergriffen wird bzw. ergriffen werden kann.

Der urbane, gebildete Inder wird versichern, dass das Kastenwesen heute im Berufsleben völlig bedeutungslos ist. Für alle Bereiche von „white-collar workers" und Managern ist dies zutreffend. In anderen Bereichen wird das Kastenwesen noch gelebt.

M. E. Flierl und H. Brenner, *Geschäftlich in Indien*, essentials,
https://doi.org/10.1007/978-3-658-40680-6_3

Tab. 3.1 Die fünf wichtigsten Gruppierungen des Kastenwesens

Brahmanen (Brahmins)	Intellektuelle Elite, Lehrer, Priester
Kshatriyas	Höhere Beamte, Soldaten, Verwaltung
Vaisyas	Händler, Kaufleute, Grundbesitzer
Shudras	Handwerker, Pachtbauern, Tagelöhner, Diener
Scheduled Castes and Scheduled Tribes/Kastenlose (Harijan)/Unberührbare	Alle Menschen, die niedere oder schmutzige Tätigkeiten ausführen

In allen technischen und administrativen Bereichen ist heutzutage die Bildung ausschlaggebend, d. h. es sind Menschen verschiedener Religionen und Kasten innerhalb einer Firma/Abteilung vertreten. Für Ausländer ist das Kastenwesen nicht relevant. Es wird nicht erwartet, dass sich Ausländer in diesem System auskennen.

Im produzierenden Gewerbe wird sich das Kastenwesen im Produktionsbereich noch deutlich abzeichnen. Hier die Empfehlung bei eigener Produktion: Verlassen Sie sich auf die Hinweise Ihrer lokalen Personalabteilung. Dort werden die Verflechtungen sehr viel leichter erkannt und durchschaut und denken Sie auch hier daran: Es ist unhöflich, NEIN zu sagen. Was antwortet also Ihr HR, ob eine bestimmte Person eingestellt werden soll? ....

Inder erkennen am Namen, an der (englischen) Aussprache und der Kleidung binnen Sekundenbruchteilen, zu welcher Gruppe ein anderer Inder gehört – das wird von Ausländern nicht erwartet.

Alle Fragen zu Religionen, Göttern, Göttinnen sind erlaubt und willkommen – es zeigt Interesse an Land und Kultur.

TABU: Fragen zur Kastenzugehörigkeit des Gesprächspartners!

3.2   Feiertage in Indien

Indien ist weltweit eines der Länder mit den meisten Feiertagen pro Jahr. Der wichtigste Hindu-Feiertag ist Diwali. Es ist das Hindu-Neujahrsfest, gefeiert im Oktober oder November, und wird auch „Festival of Lights" oder „Crackers Festival" genannt. Gefeiert wird wie bei uns Weihnachten und Silvester in einem:

viel Essen, Freunde und Familie besuchen, Böller, Leuchtraketen, das volle Programm.

Es gehört zum guten Ton, allen indischen Geschäftskontakten an Diwali eine E-Mail mit guten Wünschen zu senden.

Der Wunsch lautet:

„Health, Wealth and Prosperity for you and your loved ones."

Animierte Diwali-e-cards gibt es im Internet reichlich und virenfrei.

Übersicht über die Feiertage aller Religionen unter:
www.gtai.de (Feiertage im Ausland) oder
http://www.calendarlabs.com/calendars/religious/hindu-calendar.php
Die Bedeutung der Hindu-Feiertage findet man unter: http://en.wikipedia.org/wiki/List_of_Hindu_festivals.

3.3 Indischer Familienverband/Soziale Strukturen

Die Familie hat in Indien eine zentrale und selbst im Jahr 2023 eine immer noch nahezu übermächtige Bedeutung. Die meisten Inder leben in Mehr-Generationen-Familien („Joint Families"). Familienstrukturen sind deutlich patriarchisch. Single-Haushalte sind immer noch eher selten. Inder sind insgesamt eher Nesthocker als Nestflüchter. Ca. 90 % der Ehen sind arrangierte Ehen – heute natürlich nicht nur über den Heiratsvermittler, sondern auch per Internet. Der Sohn gilt nach wie vor als Rentenversicherung der Eltern.

Indische Kinder und Jugendliche werden zumeist noch nicht im „Ich" erzogen. Individualität wird noch nicht gefördert, ebenso wenig wie die Fähigkeit, Entscheidungen zu treffen und die Verantwortung dafür zu übernehmen. Inder verstehen sich zunächst im „Wir" – als Teil eines größeren Ganzen (Familie, Community, Jati, Varna, Kaste; Team, Gruppe, Projekt, Abteilung, Firma). Es gibt in den ersten 30 Jahren im Leben eines Inders praktisch immer jemanden, der sagt, was und wie es zu tun ist.

Diese Situation erklärt, weshalb in den ersten Berufsjahren „Guidance" (Anleitung) unabdingbar ist. Der indische Berufsanfänger ist im Durchschnitt wesentlich unselbstständiger als der deutsche Berufsanfänger.

Weiter erschwerend wirkt in den ersten Berufsjahren das Senioritätsprinzip: Der Jüngere kann den Älteren/Vorgesetzten nichts fragen und ihm vor allem keine schlechten Nachrichten überbringen.

Vermeiden Sie Diskussionen über die Diversifizierung der Gesellschaft. Die indische Gesellschaft ist genauso divers wie die Deutsche. Weite Teile der Gesellschaft sind jedoch für diese Art der Diskussion noch nicht offen.

3.4   Bildungswesen

In Indien gilt eine Schulpflicht von zehn Jahren, die jedoch nicht nachhaltig eingefordert und durchgesetzt wird. Das indische Bildungssystem ist an das britische Bildungssystem angelehnt, d. h., es gibt staatliche Schulen, die häufig noch in der Landessprache unterrichten, Public Schools (Privatschulen) und Boarding Schools (Internate). Der Unterricht ist eher frontal, auswendig lernen an der Tagesordnung.

Es gibt ca. 614 Universitäten mit ca. 20.000 assoziierten Colleges, die in sehr unterschiedlicher Qualität unterrichten. Praktika sind in den meisten Studienfächern nicht vorgeschrieben.

Die Elite-Hochschulen Indiens sind

- IIT (Indian Institute of Technology)
- IIM (Indian Institute of Management)

sowie

- National Institute of Technology
- Indian Institute of Science
- Indian Institute of Information Technology & Management
- Indian Institute of Information Technology
- National Law School of India University
- All India Institute of Medical Science

Die Aufnahmeprüfungen für das IIT und das IIM sollen die härtesten der Welt sein. IIT/IIM-Absolventen zählen typischerweise zu dem Personenkreis, der schnell in Top-Management-Etagen aufsteigt bzw. nach einigen Jahren Berufserfahrung eigene Firmen gründen.

Lesen Sie die Visitenkarte Ihres Gesprächspartners genau!

IIT/IIM-Absolventen erwähnen diese Besonderheit in der Regel auf der Visitenkarte.

Entsprechend sollten Wertschätzung und vor allem Know-how über IIT/IIM gezeigt werden.

3.5 Berufliche Aus- und Weiterbildung

Es gibt praktisch nur drei Arten von Arbeitern und Angestellten in Indien: ungelernte, angelernte und studierte (diese mit Schwerpunkt auf Theorie und zunächst wenig Ahnung aus der Praxis). Die indische Industrie setzt auf interne Aus- und Weiterbildung.

Seit der Kampagne „Deutschland und Indien 2011–2012" wird im beruflichen Bildungsbereich enger mit Deutschland kooperiert. So entstehen z. B. Meister-Lehrgänge, Facharbeiter-Lehrgänge usw. unter deutscher Mitwirkung.

Die Auswirkungen dieser Initiative halten sich leider in sehr überschaubaren Grenzen. Es hat sich bis 2023 leider nicht sehr viel verbessert.

Begrüßung und Kontaktpflege

4.1 Die persönliche Beziehung

Die persönliche Beziehung zum Gesprächspartner ist ein Schlüssel zum Erfolg. Inder arbeiten am liebsten mit Menschen, die sie gut und lange kennen. In Zeiten der Globalisierung ist das nicht mehr möglich.

Persönliche Beziehungen zu pflegen, fällt in mittelständischen Unternehmen häufig leicht: Die Inhaber kennen sich und sind möglicherweise eng befreundet, besuchen sich recht regelmäßig gegenseitig in Europa und Indien. Auftretende Probleme werden in vertrauensvoller Atmosphäre besprochen.

In Konzernstrukturen ist der Aufbau einer persönlichen Beziehung schwieriger: Die Gesprächspartner kennen sich oft nicht persönlich oder nur per Telefon, Videokonferenz oder E-Mail, der Zeitdruck ist hoch, der Austausch persönlicher Informationen oft nicht möglich oder gewünscht. Das Top-Management beider Seiten ist sich einig und versteht sich, die Arbeitsebene kämpft mit Problemen, die sich die Chefs nicht vorstellen können – die Gespräche sind doch so einvernehmlich gelaufen!

4.2 Begrüßungsrituale

Begrüßungsrituale waren bis zur Pandemie in Indien wie bei uns: Man reicht sich die Hand, tauscht die Visitenkarten mit einer oder mit beiden Händen aus, liest die Visitenkarte, schreibt nichts auf die Visitenkarte drauf. Es wird keine Verbeugung erwartet. Die Visitenkarten bei Delegationsbesuchen in Reihenfolge der Sitzordnung auflegen ist ok.

M. E. Flierl und H. Brenner, *Geschäftlich in Indien*, essentials, https://doi.org/10.1007/978-3-658-40680-6_4

In post-pandemischen Zeiten gibt es keine anerkannten Begrüßungsrituale mehr. Beobachten Sie ihren Gesprächspartner und verhalten sich entsprechend. Die Verwirrung – und Erheiterung – beim modernen Versuch sich zu begrüßen entspricht der deutschen Situation.

Bei der Begrüßung von Inderinnen bitte genau darauf achten, ob die Inderin die Hand geben möchte oder nicht!

Die Dame entscheidet.

Manche Inder möchten einer deutschen Frau nicht die Hand geben. Diese fühlen sich dann ignoriert.

Es ist die Aufgabe der männlichen Kollegen, den Inder und die Deutsche dann ausdrücklich vorzustellen (mit oder ohne Handschlag).

4.3   Indische Namen und Anrede

Indische Namen sind nicht immer leicht auszusprechen. Dem einen oder anderen fällt es möglicherweise schwer, Namen wie „Balan Krishna Subramaniam" oder „Padmanabhan Kartikeyan" schnell und flüssig über die Zunge zu bekommen. Es ist nicht unhöflich, den Namen mehrfach auszusprechen, zu üben, um so zur korrekten Aussprache zu gelangen.

Ist unklar, welcher Namensbestandteil der Vorname oder Nachname ist, empfiehlt sich die Frage: „How should I address you?"

Die jüngere Generation lässt sich in Indien amerikanisch-salopp mit dem Vornamen oder den Initialen ansprechen. Deutsche werden als Respektspersonen gesehen, das heißt in der Umsetzung, dass ein Deutscher einen jüngeren Inder nicht mit „Mr." ansprechen wird.

Bei der älteren Generation ist mehr Respekt gefragt. Männer spricht man mit „Mr. + Nachname" oder „Sir" an, Damen bevorzugt mit „Madam" oder „Mrs. + Nachname".

Indische Namen geben Aufschluss über die regionale Herkunft einer Person sowie deren Religion und Kaste. Während die Frage nach der Kastenzugehörigkeit ein klares Tabu darstellt, ist die Frage nach der regionalen Herkunft jederzeit erlaubt.

Akademische Titel werden in Indien normalerweise nicht verwendet. Lediglich besondere Respektspersonen werden mit der Berufsbezeichnung – ohne Namen – angesprochen, z. B. „Officer", „Doctor" usw.

4.4 Deutsche Namen und Anrede

Für Inder sind unsere Namen genauso schwierig wie indische Namen für uns. Besonders Namen mit Umlauten fallen Indern schwer, ebenso die Zuordnung von Vor- und Nachname.

Die Vorstellung sollte mit Vor- und Nachname erfolgen, mit einer klaren Indikation, wie man angesprochen werden möchte. Am Beispiel „Peter Müller": „My name is Peter Müller, please call me Peter".

Danach passiert möglicherweise aus unserer Sicht etwas Lustiges. Obwohl zur Anrede mit Vornamen eingeladen wurde, wird unser Peter Müller mit „Mr. Peter" angesprochen. Dies ist ein Zeichen von Respekt. Korrekturversuche sind zu unterlassen. Erst nach einiger Zeit würde die Anrede „Mr." entfallen und unser Peter Müller nur noch mit „Peter" angesprochen und angeschrieben werden.

Das Gleiche findet statt, wenn unser Peter Müller sich vorstellt: „My name is Peter Müller, please call me Mr. Müller". Zunächst erfolgt die Anrede mit „Mr. Müller", nach einiger Zeit kommen E-Mails eventuell nur noch mit der Anrede „Dear Müller".

4.5 Titel auf indischen Visitenkarten

Die Titel auf indischen Visitenkarten können nur auf Geschäftsleitungsebene mit unseren Titeln verglichen werden. Im mittleren und unteren Management sind die Bezeichnungen nicht vergleichbar. Jeder Mensch ist mindestens Manager, Senior Manager usw. Es ist besser, genau nachzufragen, *wo* der Gesprächspartner in der Hierarchie angesiedelt ist.

Sollte auf der eigenen Visitenkarte „Manager" stehen, empfiehlt es sich, den Titel in Indien komplett wegzulassen. Manager ist die absolut unterste Ebene jeder indischen Hierarchie.

4.6   Smalltalk

Smalltalk gehört in Indien auch im Geschäftsleben dazu. Gute Smalltalk-Themen sind die wirtschaftliche Lage der jeweiligen Unternehmen und Volkswirtschaften, aber auch persönliche Themen wie Familie, Bildung, beruflicher Werdegang, selbst das Wetter oder Sport (vor allem Cricket und Formel 1) können als Smalltalk dienen.

Smalltalk soll eine gute Stimmung für die späteren Gespräche schaffen und einen möglichst vielschichtigen Eindruck des Gesprächspartners bieten – um später gezielter mit ihm zu verhandeln.

TABU im Smalltalk:

- Kritik an Land, Leuten, Politik, Infrastruktur
- Pakistan, Kaschmir und China sollten nicht thematisiert werden
- Weitestgehend sexuelle Themen inkl. Scheidung, Homosexualität, LGBTQ+

Kommunikation 5

Ganz besonders bei Kommunikation und Gesprächsführung sind zunächst das Machtgefüge und der persönliche Hintergrund der beteiligten Inder zu beobachten.

Auf CEO/First-Line Level werden wenige Unterschiede i. S. Kommunikation und Gesprächsführung zu beobachten sein.

Weltgewandte, international ausgerichtete Führungskräfte werden sich voraussichtlich nicht wesentlich von den Führungskräften anderer Nationen unterscheiden.

Die Unterschiede kommen ganz besonders auf der Arbeitsebene indischer Firmen zum Vorschein. Die Menschen im mittleren Management indischer Unternehmen, ganz zu schweigen von der Arbeitsebene, sind bisher eher selten international ausgerichtet. Dieser Personenkreis kommt aus der mittleren Gesellschaftsschicht, hat eine gute – aber nicht exzellente – Ausbildung genossen, ist höchstwahrscheinlich (auch heute im Jahr 2023 noch) traditionell erzogen worden und zeigt somit traditionelle Verhaltensweisen im Hinblick auf Kommunikation, Gesprächsführung und Umgang mit Respektspersonen.

Kommunikation mit Produktionsmitarbeitern sollte sich auf den Produktions- oder Bandleiter beschränken. Der einzelne Mitarbeiter wird eher zögerlich sein, Fragen zu beantworten oder Änderungswünsche Ihrerseits umzusetzen.

5.1 Sprachen

Indien hat 22 anerkannte Sprachen und 768 gesprochene Dialekte. Amtssprachen sind Englisch, Hindi und die jeweilige Lokalsprache pro Bundesstaat.

© Der/die Autor(en), exklusiv lizenziert an Springer Fachmedien Wiesbaden GmbH, ein Teil von Springer Nature 2023
M. E. Flierl und H. Brenner, *Geschäftlich in Indien*, essentials,
https://doi.org/10.1007/978-3-658-40680-6_5

Die gute Nachricht: Englisch genügt in Indien vollkommen! Der gebildete Inder glaubt, er mache einen ungebildeten Eindruck, wenn er in seiner Landessprache angesprochen wird.

Indisches Englisch ist nicht immer unproblematisch. Die Zeitungsaussage „Alle Inder sprechen Englisch" stimmt. Die Frage ist nur: Wie gut? Viele Inder sprechen Englisch im Rhythmus ihrer Muttersprache und sind deshalb nur sehr schwer zu verstehen.

Es ist **KEIN TABU,** bei Verständigungsproblemen nachzufragen!

Im Zweifel kann so lange nachgefragt werden, bis das Thema klar ist.

5.2   Kommunikation

Indische Kommunikation orientiert sich wieder am Machtgefüge. In der Regel verläuft die Kommunikation sehr höflich.

Es wird sehr viel „zwischen die Zeilen" geschrieben und gleichermaßen viel „zwischen den Zeilen" gelesen – möglicherweise auch dort, wo wir gar nichts zwischen die Zeilen geschrieben haben. Es kommt auf Nuancen an und genaues Zuhören. Am wichtigsten ist, was der Inder nicht sagt: Darin sind wir nicht geübt!

Inder sind auch Meister der Ambiguität (Vieldeutigkeit) als besondere Art der indirekten Kommunikation. Auch hier hilft nur genaues Zuhören.

Inder betrachten ihre Art der indirekten Kommunikation als diplomatisch. Unsere direkte Art wird auch schon mal als unhöflich empfunden.

Ein indischer Kunde wird sehr klar und deutlich seine Wünsche kommunizieren – möglicherweise weit ab von Höflichkeit und guten Umgangsformen.

Ein indischer Kollege, Mitarbeiter oder Lieferant wird sich – je nach Typ – eher vage ausdrücken.

Das Hauptmerkmal indischer Kommunikation scheint zu sein, dass nichts unmöglich ist! Dies begründet sich im unglaublichen indischen Optimismus und in einer ausgeprägten „No problem"-Mentalität.

Kommunikation zwischen Deutschen und Indern führt auch häufig zu Missverständnissen, weil der Inder sich zum einen vage (aber optimistisch) ausdrückt und wir andererseits vieles in die Aussagen hineininterpretieren, was dort nicht vorhanden ist.

Indische Kommunikation fordert uns heraus, zu hören, was ungesagt bleibt.

Tab. 5.1 Ja – Nein – Vielleicht

	Deutschland	Indien
Ja	Zustimmung	Ich höre
	Zusage (eindeutig)	Ich verstehe
		Evtl.: Ich bin einverstanden
Mimik	Kopfnicken	Kopfschütteln
Nein	Ein Nein ist ein Nein	Das direkte Nein gilt als unhöflich
	Nichts geht mehr	
Mimik	Kopfschütteln	Kopfnicken
Kopfwackeln	Zweifel	Signalisiert nur Aufmerksamkeit

5.3 Ja – Nein – Vielleicht?

Tab. 5.1 zeigt die unterschiedliche Gewichtung und Bedeutung von Ja/Nein.

5.4 Auf indische Art „Nein" sagen

- No problem!
- It can be done in due time.
- Technically it is workable.
- We will try and make some inquiry.
- Results would be indicative of next steps.
- This is definitely something to look into.
- For this we would have to invent new laws of physics.
- Once we have your input we can plan a step-by-step approach.
- On getting your requirements we will sit and work on a realistic plan.
- Don't worry, we will make it.
- We will definitely work on it.
- We don't expect any problems on that front.

Jede einzelne dieser Aussagen heißt übersetzt schlicht und ergreifend: NEIN.

Die Merkmale solcher und ähnlicher Sätze sind immer gleich: Es wird eine gewisse Dynamik vorgegaukelt, manchmal sogar mit Aussagen, die dem deutschen Ohr gefällig sind. Die Sätze an sich sind völlig ungefährlich – solange sie nicht für bare Münze genommen werden.

Aber Achtung: Das ist keine Einbahnstraße! Ehe ich einem Inder deutsch-unhöflich sage „geht nicht", sage ich ihm lieber „let me get back to you" – und er versteht, dass ich nichts tun werde.

5.5   Hilfreiche Fragetechniken in Indien

Deutsche nehmen sich im Geschäftsleben wenig Zeit für Kommunikation, man beschränkt sich auf das Wesentliche. Kurze, knappe Fragen, die mit kurzen, knappen Antworten (bevorzugt Ja oder Nein) beantwortet werden, gelten als effizient. Diese Art der Fragen wird „geschlossene Fragen" genannt.

Nun fällt es dem Inder schwer, ein klares „Nein" zu sagen (siehe Abschn. 2.2 und 5.4). Wie werthaltig ist die Antwort eines Inders auf eine geschlossene Frage? Im subterranen Bereich.

Geschlossene Fragen oder suggestive Fragen helfen in Indien selten weiter. Der Einsatz offener Fragen, sogenannter „W-Fragen", ist empfehlenswert, um Informationen zu erhalten. Anfangs mag diese Fragetechnik wie ein Puzzle-Spiel wirken: hier eine Information, dort eine Information, doch schließlich ergibt sich ein schlüssiges Gesamtbild. Dranbleiben! Keine voreiligen Schlüsse ziehen!

W-Fragen (offene Fragen) öffnen das Kommunikationsportal und erlauben Informationen, zu uns zu gelangen.

Zurück zum Fallbeispiel zu a) aus Abschn. 2.2: Wir sind wieder in Mumbai am Flughafen und wollen immer noch mit JetAir nach Chennai fliegen. Die Umstellung der Fragetechnik erlaubt dem indischen Gesprächspartner, uns vorsichtig an die Tatsachen heranzuführen.

„Which input do we have about the departure time of that flight?" kann nun die Antwort hervorbringen: „Oh! They just sent an SMS! There might be some small delay." Gut, der „small delay" kann auch zwei Stunden sein, doch immerhin ist jetzt schon klar, dass der Flug nicht pünktlich ist.

5.6   Sieben Varianten von „fertig"

Zumindest früher war in Deutschland eine Arbeit „fertig", wenn 100 % erfüllt waren. Diesem Ideal hängen wir oft in der Zusammenarbeit mit Indien noch nach.

Das indische Englisch ist teils etwas angestaubt. Früher gab es vier Varianten, einen „Fertig-Zustand" zu beschreiben. „Ready", „finished", „completed" und „done" sind keine Synonyme. Im Sinne größerer Präzision setzen Inder inzwischen noch das Wort „almost" dazu, um eine genauere Beschreibung des Fortschritts zu verdeutlichen.

Dies führt zu Missverständnissen in der Kommunikation. Der Inder glaubt, er habe sich klar und präzise ausgedrückt, der Deutsche hat etwas völlig anderes verstanden.

Gleichzeitig ist die Verwendung dieser Begriffe so im indischen Unterbewusstsein verankert, dass es den Indern nicht mehr bewusst ist, wann welche Variante eingesetzt wird. Der Einsatz eines bestimmten Ausdrucks erfolgt spontan und intuitiv.

Achtung: Das ist keine Einbahnstraße! Fragen Sie den Inder, ob etwas bis zum Termin „ready" sein kann, versteht der Inder es genügt, darüber nachzudenken, vielleicht mit der Arbeit zu beginnen. Er versteht in keinem Fall, dass die Aufgabe zu 100 % erledigt sein muss. Präzision ist in unserer Kommunikation mit Indien Trumpf!

5.7 Senioritätsprinzip

Das Senioritätsprinzip ist in Indien momentan noch sehr stark ausgeprägt. Änderungen sind aktuell hauptsächlich bei den Automobil-Zulieferern, bei IT und Biotech zu erkennen.

Was bedeutet Senioritätsprinzip? Es betrifft die Beziehung von Indern untereinander. Ausländer sind hiervon weniger bzw. selten betroffen.

Das Senioritätsprinzip trifft auf folgende Altersgruppen zu:

- Berufseinsteiger bis ca. 28 Jahre: 100 % zutreffend
- Mitarbeitende von 28 bis ca. 32 Jahre: 70–80 % zutreffend
- 32 Jahre bis 45/46 Jahre (ein paar Jahre mehr oder weniger sind nicht wichtig)
- 50 + Jahre: 100 % zutreffend

Der Jüngere kann dem Älteren keine schlechten Nachrichten bringen, keine Fragen stellen. (Insofern ist es völlig sinnlos, junge indische Vertriebsmitarbeiter zu alteingesessenen Kunden zu schicken!)

Der Rangniedere kann dem Ranghöheren keine schlechten Nachrichten bringen, keine Fragen stellen (deutsche und indische Ingenieure arbeiten auf dem „kurzen Dienstweg" zusammen – selten möglich!).

5.8   Hierarchie

Seniorität ist gegenwärtig in indischen Hierarchien 1:1 gespiegelt, d. h., je höher
in der Hierarchie, um so älter sind die Gesprächspartner typischerweise.

Indische Organigramme können nicht gleichmäßig an deutsche Organigramme
andocken. Während in Deutschland auf den untersten Ebenen häufig sehr kom-
petente, erfahrene Mitarbeiter und Mitarbeiterinnen zu finden sind, sind auf den
unteren Ebenen einer indischen Organisation oft unerfahrene Berufsanfänger zu
finden, die keinerlei Entscheidungsbefugnis haben oder Verantwortung tragen,
sondern ausschließlich nach Vorgabe oder Anordnung ihrer Vorgesetzten arbeiten.

Die deutsche Idee der „kurzen Wege" funktioniert deshalb nicht. Indische
Mitarbeiter werden im Zweifel immer das tun, was ihr Vorgesetzter anordnet.

Die indische Hierarchie kann sehr gut genutzt werden (siehe Abschn. 5.8.3
„Eskalation"), um höhere Effizienz oder bessere Arbeitsergebnisse zu erreichen.

Agile Prozesse (z. B. in der Software-Entwicklung) und Matrix-
Organisationen werden in Indien nach außen gerne dargestellt, werden jedoch
nur sehr bedingt tatsächlich gelebt. Meist existiert eine „Schatten-Hierarchie",
die dem Kunden nach außen nicht gezeigt wird.

Der in Deutschland gedachte und gelebte *„integrative Ansatz"* funktioniert in
Indien nicht. Dort sind nicht alle Mitarbeiter gleich, haben nicht die gleichen
Rechte, nicht die gleiche Handlungsfreiheit, die gleiche Kompetenz. Insofern
ist der Versuch ziemlich aussichtslos, mit indischen Mitarbeitern einer bestimmten Altersgruppe (<28 J.) auf Augenhöhe sprechen zu wollen – und auch noch
belastbare Antworten zu erwarten.

5.8.1   Guidance (Anleitung)

In Abschn. 5.7 wurde das Senioritätsprinzip beschrieben. Die Folge davon ist die
Erwartung von „Guidance" der indischen Mitarbeiter an ihre Vorgesetzten und
bei direkter Zusammenarbeit auch an deutsche Kollegen.

Diese Erwartungshaltung ist dem deutschen Manager fremd. Wir sind
gewohnt, selbstbestimmt und selbstständig zu arbeiten. Taucht eine Aufgabe
aus unserem Arbeitsgebiet auf, nehmen wir die Aufgabe unaufgefordert an und
erledigen sie (meistens!).

Indische Mitarbeiter der mittleren und unteren Hierarchie-Ebenen sind selbst-
ständiges Arbeiten nicht gewohnt. Ihnen werden die Aufgaben von ihren Vorgesetzten zugewiesen. Gleichzeitig ist der Vorgesetzte durch Anleitung für das
endgültige Arbeitsergebnis verantwortlich.

Die Anforderungen an Guidance sind natürlich stark abhängig von dem Hierarchie-Level des indischen Gesprächspartners. Erfahrene Mitarbeiter in den höheren Ebenen werden aus Deutschland kaum Anleitung erwarten, sich diese möglicherweise sogar verbieten. In den mittleren und unteren Hierarchie-Ebenen ist Guidance unabdingbar.

Mikro-Management eines indischen Teams aus Europa heraus stellt eine Herausforderung dar und ist mit beträchtlichem Zeitaufwand verbunden.

5.8.2 Konsequentes Handeln

Was in Indien keine Konsequenzen hat, wird sich auch nicht ändern. Als Ergebnis ist jede Abweichung vom Soll-Zustand sofort zu reklamieren. Korrekturen müssen zeitnah erfolgen. Die schnellste Lernkurve wird in Indien erreicht, wenn die Abweichung das indische Unternehmen Geld kostet.

5.8.3 Eskalation

Durch unser selbstbestimmtes Handeln ist Eskalation in Deutschland nicht positiv belegt.

Anders in Indien: Da die Mitarbeiter überwiegend nach Anleitung arbeiten, ist Eskalation das einzige Mittel, Bewegung in einen festgefahrenen Sachverhalt zu bringen. Von Deutschland aus ist nicht erkennbar, ob der indische Mitarbeiter die Sache nicht erledigen kann oder ob er anderslautende Anweisungen seines Vorgesetzten hat. Ausschließlich der indische Vorgesetzte kann geeignete Anweisungen geben – und im Übrigen ist er auch dafür verantwortlich, dass Arbeiten pünktlich und korrekt ausgeführt werden.

Gesprächsführung

6

6.1 Zeitzone

Indien hat trotz seiner breiten Flächenausdehnung nur eine Zeitzone: IST (Indian Standard Time). Diese wird von Indien-Kennern auch gerne mit „Indian Stretchable Time" übersetzt.

Der Zeitunterschied gegenüber Deutschland ist + 3,5 h bzw. + 4,5 h.

6.2 Zeitgefühl

Inder sagen über uns: Ihr habt die Uhren – wir haben die Zeit. Und wie sollte es anders sein?

Rein philosophisch haben monotheistische Religionen (wie z. B. Christentum, Judentum, Islam) nur eine einzige Lebensspanne Zeit, um alle Ziele zu erreichen. Danach kommt eventuell das Fegefeuer und beim Jüngsten Gericht gibt's die Entscheidung für Himmel oder Hölle. Wir haben Stress im Westen.

Die östlichen Philosophien (wie z. B. Hinduismus, Buddhismus, Taoismus, Zen) gehen aus verschiedenen Überlegungen von Reinkarnation und vom Rad des Lebens aus. Das erlaubt, die Fehler, die in einem Leben nicht verstanden wurden, im nächsten Leben zu korrigieren. Zwar sind möglichst wenige Reinkarnationen ein erwünschtes Ziel. Am Ende des Tages bekommt aber jeder praktisch eine zweite Chance. Zudem wirken sich wesentliche Verhaltensweisen in diesem Leben erst im nächsten Leben aus.

Dieser rein philosophische Unterschied programmiert ein unterschiedliches Zeitverständnis zwischen östlichen und westlichen Kulturen.

Aussagen wie z. B. „towards the end of the week" oder „towards the end of the month" finden ihre Entsprechung nicht in einem exakten Datum, sondern drücken aus, dass man sich terminlich nicht festlegen möchte.

Arbeiten Sie wenn möglich mit eindeutig definierten Terminen!

Im Geschäftsleben wird Pünktlichkeit erwartet – trotz der chaotischen Verhältnisse auf indischen Straßen. Unpünktlichkeit (auch: warten lassen) ist ein Zeichen mangelnden Respekts. Das gilt für beide Seiten. Im Fall von Unpünktlichkeit indischer Kunden handelt es sich um ein Machtspiel – das man nicht mitspielen muss.

6.3   Störungen in der Gesprächsführung

Während der deutsche Manager einen straff getakteten Zeitplan aufstellt und einhält und sich freut, wenn der Plan aufgeht, wird der indische Manager eher denken: „Wie viel mehr lässt sich erreichen, wenn man länger über das Thema spricht?"

Weitere Gesprächsstörungen: zu spät zum Meeting kommen; einer kommt rein, ein anderer geht raus; Handys; dazwischenreden; eine gewisse „Sprunghaftigkeit" in der Abarbeitung der Themen.

Im Gespräch können alle Gefühle gezeigt werden: Freude, Enthusiasmus, Begeisterung, Bedenken.

TABU: Negative Gefühlsregungen – diese werden unerwünschtes bzw. störendes Verhalten nur intensivieren.

6.4   Agenda

Während wir in Europa vor Gesprächen akribisch die Agenda samt Zeitplan ausarbeiten, sieht eine Agenda in Indien häufig eher wie ein grober Zeitplan aus. Selten lassen sich die deutschen Pläne exakt umsetzen. Es sollte mehr Zeit eingeplant werden.

6.5   Humor

Ja, Humor ist, wenn man trotzdem lacht. Gleichzeitig ist Humor in Indien ein gutes Mittel, um eine angespannte Situation zu entspannen.

Mit Humor ist bei Gesprächen mit Indern nicht das Erzählen von Witzen gemeint, sondern eher eine leichtere Form der Gesprächsführung, Wortspielereien, eine Mehrdeutigkeit (nicht im sexuellen Sinne).

Hier ein Beispiel: Ein ungeduldiger deutscher Geschäftsmann eröffnet nach Smalltalk und Vorgesprächen das „richtige" Gespräch regelmäßig mit dem Satz: „Which type of no problem do we have today?" – das ist Humor, der in Indien ankommt!

Verhandlungsführung 7

In Indien ist alles verhandelbar und Verhandlung ist nur ein Spiel. Manchmal ein Spiel um (viele) Millionen. Doch am Ende bleibt es ein Spiel. Verhandlung in allen Lebenslagen gehört zur indischen Mentalität.

Zumindest wir Deutschen nehmen geschäftliche Vorgänge aus indischer Sicht oft viel zu ernst. Es ist zu wenig Spaß im Spiel, es gibt zu wenig Zeit, Geschäftsvorgänge ordentlich und ausgiebig zu beleuchten und zu besprechen. Aus indischer Sicht sind andere Nationen i. S. Verhandlungsführung „leichte Beute" – besonders wenn es sich um korrekte Deutsche handelt. Inder betrachten uns als „fun-free-zone".

Die Sitzordnung lässt in Indien nicht auf die Rangfolge schließen. Der Entscheider ist häufig bei den ersten Gesprächen nicht anwesend.

7.1 Verhandlungsführungsstrategien

Zunächst werden oft (auch drastisch) überzogene Forderungen gestellt. Der deutsche Gesprächspartner mag sich denken: „Ja, wenn das so ist, brauchen wir gar nicht weiterzureden." Dies ist jedoch nur ein Bluff. Es wird langfristig und intensiv verhandelt. Inder denken in Verhandlungspaketen. Der wichtigste Punkt sollte niemals am Anfang einer Verhandlung stehen. Es ist reichlich Spielraum einzuplanen.

Einzelne Verhandlungsthemen werden aufgegriffen, dann wieder zurückgestellt. Erste Gegenangebote werden zunächst abgelehnt. Man nähert sich schrittweise an. Nur hart errungene Zugeständnisse zählen wirklich.

M. E. Flierl und H. Brenner, *Geschäftlich in Indien*, essentials, https://doi.org/10.1007/978-3-658-40680-6_7

Was ein indischer Gesprächspartner verlangt, braucht er in der Regel nicht. Er behandelt ausländische Geschäftspartner wie seine Landsleute. Wird nicht telefonisch, per Communicator etc. nachgefragt, ist die Sache nicht wichtig/eilig.

Zeitdruck ist in Indien eine legitime Verhandlungsstrategie, um am Ende Zugeständnisse zu erreichen, die ohne Zeitdruck nicht möglich gewesen wären. Wir können jederzeit auch selbst Zeitdruck aufbauen.

Wichtig: „no ping – no need". Hakt ein Inder wegen seiner Anforderungen nicht nach, braucht er sie nicht. Gilt auch umgekehrt: Wir geben eine Aufgabe nach Indien und fragen nicht nach: no ping – no need. Der Inder versteht, wir brauchen es nicht.

7.2   Vertragsverständnis

Während bei uns nach Vertragsabschluss alles geregelt ist und der Vertrag erfüllt wird, handeln Inder häufig situativ. Der Vertrag ist die Basis künftiger Geschäftsbeziehungen, nicht zwingend das Ende der Gespräche.

Neue Aspekte in einen bereits geschlossenen Vertrag einzubringen ist aus indischer Sicht nicht negativ.

Es ist darauf zu achten, dass eventuelle Strafen (insbesondere mit indischen Kunden) möglichst ausgewogen zwischen Kunde und Lieferant gestaltet werden.

Noch besser ist die Vereinbarung von Bonus bei Übererfüllung der Vereinbarung.

7.3   Währung

Die indische Währung ist die Indische Rupie (INR). Sie ist frei konvertierbar und wird von der RBI (Reserve Bank of India) sehr streng kontrolliert.

Wechselkurs (Stand Januar 2023): 1 EUR = ca. 87 INR

Größere Zahlen werden in Lakhs und Crores ausgedrückt. Achtung auch bei der Interpunktion (Tab. 7.1).

Tab. 7.1 Lakhs and Crores

Indische Bezeichnung	Deutsche Bezeichnung	Indische Zifferngruppierung	Internationale Zifferngruppierung
1 Lakh	100 Tausend	1,00,000	1.00.000
10 Lakhs	1 Mio.	10,00,000	1.000.000
1 Crore	10 Mio.	1,00,00,000	10.000.000
10 Crores	100 Mio.	10,00,00,000	100.000.000

Planung 8

Indische Firmen planen durchaus – die Stärke ist jedoch eher in der kurzfristigen Planung zu erkennen als bei einem langfristigen Plan. Ein Inder formulierte einmal treffend: „First we plan and then we improvise."

Planungen sind in Indien oft nicht so detailliert wie in Deutschland. Inder sind im Gegenteil stolz auf ihre Flexibilität und entscheiden häufig intuitiv.

Hier gilt es zwischen Unternehmensplanung und Detailplanung zu unterscheiden. Auf Unternehmensebene wird Planung durchaus ernst genommen. In der Durchführung ist Flexibilität inklusive ungeplanter Planänderungen üblich.

M. E. Flierl und H. Brenner, *Geschäftlich in Indien*, essentials,
https://doi.org/10.1007/978-3-658-40680-6_8

Kritisches Feedback und Konfliktmanagement

„Reden ist Silber, Schweigen ist Gold" trifft in Indien nicht zu. Im Gegenteil: Schweigen wird als Unzufriedenheit bewertet.

9.1 Das „No Problem"-Phänomen

Indern erschließt sich die deutsche Denkweise „Lieber zeitig schlechte Nachricht als spät üble Überraschungen" leider überhaupt nicht. Der indische Optimismus steht jedem Frühwarnsystem im Weg. Und selbst wenn „das Kind in den Brunnen gefallen ist", ist der Inder immer noch optimistisch, dass es einen Weg aus der Misere geben wird. In der Software-Industrie wird so etwas „Patch" oder „Workaround" genannt, im produzierenden Gewerbe weicht man dann schon mal auf alternative Vormaterialien aus – irgendwie werden wir's schon richten!

In Indien sagen wir: „Vergossenes Wasser kann man nicht aufsammeln" – der Inder ist im Hier und Jetzt, ganz cool die Vergangenheit und Vorgespräche vergessend, und schaut optimistisch nach vorne.

9.2 Kritisches Feedback/Kritik

Im deutschsprachigen Raum wird Feedback häufig aus der Ich-Perspektive gegeben und in Form von klaren Anweisungen an die andere Person, was zu tun ist. Diese Art wird in Indien als zu direkt und grob wahrgenommen. Auch das klassische „Feedback Sandwich" kommt in Indien nicht gut an.

Die Tatsache, dass überwiegend nur sehr wenig gelobt wird bzw. wenig Wertschätzung und Anerkennung (Appreciation) weitergegeben wird, macht vielen Indern die Zusammenarbeit mit uns schwer.

© Der/die Autor(en), exklusiv lizenziert an Springer Fachmedien Wiesbaden GmbH, ein Teil von Springer Nature 2023
M. E. Flierl und H. Brenner, *Geschäftlich in Indien*, essentials,
https://doi.org/10.1007/978-3-658-40680-6_9

Anerkennung und Wertschätzung zu zeigen (und zwar unabhängig vom Arbeitsergebnis) ist in Indien unabdingbar. Die Kritik sollte absolut sachlich, bevorzugt im Passiv ausgedrückt werden. Dazu gehören ebenfalls eine klare Handlungsanweisung und ein enger Termin zur Erledigung bzw. Korrektur. Zum Abschluss noch etwas Ermunterndes ermöglicht dem indischen Gesprächspartner, Kritik anzunehmen und Änderungen herbeizuführen.

9.3   Konfliktmanagement

„Ein indischer Konflikt kommt selten allein" – so könnten manche indogermanischen Geschäftsbeziehungen beschrieben werden.

Tatsache ist: Ein indischer Konflikt kommt selten überraschend – nur: Wir erkennen die Zeichen des beginnenden Konflikts nicht!

Konflikte kündigen sich nach dem jeweils gleichen Muster an: Der indische Gesprächspartner wird förmlicher, höflicher, die Ausdrucksweise blumiger. Hört man zu einem bestimmten Thema gar nichts mehr aus Indien, ist definitiv Gefahr im Verzug. Darauf sind wir im deutschsprachigen Raum nicht trainiert. Bei uns gilt „No news is good news" – in Indien trifft das Gegenteil zu.

Die Konfliktfähigkeit innerhalb des eigenen Netzwerkes ist in Indien stark eingeschränkt bzw. nicht vorhanden. Man bemüht sich um Konsens. Schuldzuweisungen und Sündenböcke werden auf der persönlichen Ebene vermieden. Es wird nicht erwartet, dass Fehler zugegeben werden.

Claim-Management hingegen ist in Indien möglich, da sich die Verantwortung auf die gesamte Organisation verteilt.

Firmengründung/Gesellschaftsformen in Indien

10

Achtung: Alle Themen zum Kap. 10 müssen zwingend von Fachleuten begleitet werden!

Die Gesetzgebung ist im Wandel, meist zugunsten ausländischer Investoren/Geschäftspartner. Zu den Details kann nur ein/e Fachmann/-frau korrekt Auskunft geben.

Ein eigenes Netzwerk ist in Indien unabdingbar. Dies betrifft jede Art des geschäftlichen Engagements in Indien: Firmengründung, Markteintritt, Joint Venture, Produktion, Entwicklung, Sourcing.

Ist zu Beginn der geschäftlichen Aktivitäten kein eigenes Netzwerk vorhanden, empfiehlt sich die Nutzung erfahrener Indien-Berater oder geeigneter Organisationen. Vom „Alleingang nach Indien" ist definitiv abzuraten.

10.1 Formalitäten/Steuern

Indien ist kein Land, sondern ein Subkontinent, der mit 3.287.000 qkm ca. die neunfache Fläche Deutschlands hat. Es gibt 29 Bundesstaaten und sieben Unions-Territorien.

Theoretisch gibt es inzwischen eine landesweit einheitliche Mehrwertsteuer und einheitliche Zollformalitäten. Zwischen den einzelnen Bundesstaaten und Unions-Territorien sind jedoch teils erhebliche und zeitintensive Formalitäten zu erledigen – der Vergleich zu Europa *vor* der Gründung der EU ist angemessen.

War die Unternehmensgründung zur Öffnung Indiens Anfang der 1990er Jahre noch sehr schwierig und von vielen Restriktionen begleitet, wurde im Zuge diverser Reformen die Unternehmensgründung erleichtert.

Weitere Reformen wurden von der aktuellen Regierung unter Narendra Modi (Regierungschef seit April 2014) eingeleitet. Modis Aktion „Make in India"

M. E. Flierl und H. Brenner, *Geschäftlich in Indien*, essentials, https://doi.org/10.1007/978-3-658-40680-6_10

soll zu weiteren Erleichterungen führen und somit ausländische Investitionen ins
Land holen. Weiterhin sind diverse Industrie-Korridore geplant, die indischen und
ausländischen Firmen gute Bedingungen liefern sollen.

Einige Branchen werden noch sehr restriktiv i. S. ausländischer Beteiligung
behandelt, weitgehend haben sich die Bedingungen in den vergangenen 20 Jahren
deutlich gelockert.

10.2   SEZ/EOU

Besondere Vorteile bieten SEZ (Special Economic Zones) und EOU (Export Ori-
ented Units). Es gibt u. a. Steuererleichterungen, ggf. vereinfachte Formalitäten
und vereinfachte Genehmigungsverfahren.

Sowohl SEZ als auch EOU sind genau zu prüfen – nicht alle SEZ, die im
Internet zu finden sind, existieren tatsächlich.

10.3   Investitionsrecht

Indien und Deutschland haben einen Vertrag über Förderung und gegenseitigen
Schutz von Kapitalanlagen. Der Punkt „Förderung" wird seit der „Make in India"-
Initiative von Narendra Modi besonders hervorgehoben – es soll ausländisches
Kapital/Investition angezogen werden.

Folgende Formen geschäftlichen Engagements sind in Indien denkbar:

• Repräsentanz
• Zweigniederlassung
• Joint Venture
• 100 %-ausländisch investiertes Unternehmen.

100 % ausländische Tochtergesellschaften/Niederlassungen sind in vielen Indus-
triezweigen zulässig und erwünscht. Für bestimmte Industrien (u. a. Versicherun-
gen, Einzelhandel) gilt die 49 % ausländische Beteiligungsregel.

Es ist zwischen der „Automatic Approval Route" (hier nur Anmeldung und
Registrierung bei der RBI „Reserve Bank of India") und Branchen (z. B. mit
Erfordernis der „Industrial Licence") mit vorher benötigter Investitionsgenehmi-
gung zu unterscheiden.

10.4 Gesellschaftsrecht

Prinzipiell sind 5 Gesellschaftsformen in Indien denkbar:

- Partnership (Personengesellschaft)
- LLP – Limited Liability Partnership
- PLC – Private Limited Company (Gesellschaft mit beschränkter Haftung)
- PC – Public Company (börsennotierte Gesellschaft)
- PPP – Private Public Partnership (meist für Infrastruktur-Projekte)

Für ausländische Gesellschafter gelten teilweise Sonderregeln für die Beteiligung.

10.4.1 Partnership

Partnership ist im wörtlich übertragenen Sinne eine Partnerschaft, keine juristische Person. Man kann es sich ähnlich der deutschen GbR (Gesellschaft bürgerlichen Rechts) vorstellen. Eine Partnership sollte im „Registrar of Firms" (ähnlich Handelsregister) registriert sein, um unter der Firma zu klagen – und im Gegenzug natürlich auch verklagt zu werden.

10.4.2 Limited Liability Partnership

Die LLP ist eine Kombination aus Partnership und PLC (Private Limited Company) und bietet organisatorisch die Flexibilität der Partnership. Gut geeignet für Freiberufler (Ingenieure, Berater, Anwälte).

Limitierungen für 100 %-Auslandstöchter wie unter Abschn. 10.3 erwähnt.

10.4.3 Private Limited und Public Company

Die Private Limited Company und die Public Company unterliegen den Vorgaben des Companies Act 2013. Vergleichbar sind die beiden Unternehmensformen mit der deutschen GmbH und der AG. Es gibt klare Regeln zur Buchführung, zur Bilanzierung, zur Wirtschaftsprüfung, sowie der Besetzung des „Board of Directors". Zusätzlich existieren Corporate-Social-Responsibility-Programme, die u. a. festlegen, dass 2 % des Nettogewinns in regionale Sozial-Projekte zu investieren sind.

Eckdaten der Private Limited Company:

- Juristische Person, vergleichbar mit der deutschen GmbH
- Anteile können sind nur eingeschränkt veräußerbar
- Möglich ist nur ein Gründungsgesellschafter, typisch sind 2–200 Gründer
- Mindestkapital: 100.000 indische Rupien (1 Lakh)
- Haftung der Gesellschafter ist auf ihre Einlage beschränkt
- Funktion des Board of Directors: Geschäftsführung und Aufsichtsrat
- Mindestens ein Direktor muss in Indien ansässig sein

Eckdaten der **Public Company:**

- Juristische Person, vergleichbar mit der deutschen AG
- Anteile können frei veräußert werden
- Mindestkapital: 500.000 indische Rupien (5 Lakh)
- mindestens sieben Anteilseigner
- Organe: Gesellschafterversammlung und das Board of Directors
- Seit 2011 existiert eine Fusionskontrolle, der Anteils- oder Unternehmenserwerb unterliegen, sollte dies den Wettbewerb beeinträchtigen.

Weitere Informationen und Beratung zum Thema Unternehmensgründung, Unternehmensformen, Recht in Indien (wertfrei in alphabetischer Reihenfolge):

Name	Firmierung	Email	Website	Telefon
Dr. Markus Hoffmann Leipzig	Dorschner & Hoffmann Rechtsanwälte	hoffmann@dorschner-hoffmann.com	www. dorsch ner-hof fmann. com	0341–30 85 95 0
Dirk Matter	GICC Deutsch-indische Handelskammer	matter@indo-german.com	http:// indien. ahk.de	0211–360597
Dr. Axel Schober Dresden	RA Schober	ra.schober@t-online.de	http:// www. dr-sch ober.de	0351–8718505
Martin Wörlein, Nürnberg	Rödl & Partner	Martin.woerlein@roedl.pro	www. roe dl.de	0911-9193-3010

Sowie unter:

http://www.gtai.de/GTAI/Navigation/DE/Trade/Recht-Zoll/Wirtschafts-und-steuer
recht/recht-kompakt,t=recht-kompakt-indien,did=1162914.html.

11.1 Visa on Arrival (für Deutsche)

Seit dem **27.11.2014** können deutsche Staatsangehörige „Visa on Arrival" beantragen, die neben Tourismus auch auf geschäftliche Meetings, Besprechungen oder Lagebeurteilungen angewandt werden können. Mit „on Arrival" ist ein E-Visum gemeint.

Anträge können online gestellt werden unter: https://indianvisaonline.gov.in/visa/tvoa.html. Das Visum wird typisch binnen 24–72 h erteilt.

Achtung: Diese indische Variante des E-Visum bedeutet, dass 3 Ausdrucke des Antrags und des Visums in Papierform mitgeführt werden müssen.

11.2 Wetter

Der Monsun ist in Indien wetterbestimmend. Er zieht von Anfang Juni bis Anfang September von der Südspitze Indiens nach Norden und Osten. Der Herbstmonsun (September bis November) betrifft hauptsächlich die Ostküsten Indiens.

Die heißesten Monate (bis über 50 °C) sind von März bis Mai.

In der Deccan-Hochebene (Zentralindien) herrscht trocken-heißes Klima, in den Küstengebieten eher maritimes, (sub-)tropisches Klima.

Büros, Hotels, Taxis und Restaurants sind oft viel zu stark klimatisiert. Es empfiehlt sich, immer eine Jacke oder einen Pullover mitzuführen.

© Der/die Autor(en), exklusiv lizenziert an Springer Fachmedien Wiesbaden GmbH, ein Teil von Springer Nature 2023
M. E. Flierl und H. Brenner, *Geschäftlich in Indien*, essentials,
https://doi.org/10.1007/978-3-658-40680-6_11

43

11.3 Zahlungsmittel

Die gängigen Kreditkarten werden fast überall akzeptiert. Ausnahme: American Express ist nicht so weit verbreitet. Es gibt inzwischen ausreichend Geldausgabeautomaten, die ausländische Kreditkarten akzeptieren. Das Tageslimit steht am Geldautomaten.

Bargeld wird auf Geschäftsreisen sehr wenig gebraucht. Es empfiehlt sich, bereits am Flughafen einen kleinen Euro-Betrag zu wechseln und sich auch kleine Scheine (Zehner und Zwanziger) geben zu lassen.

Elektronische Bezahlsysteme per Handy App sind heute (2023) weit verbreitet. Allerdings kann ich hier kein zuverlässiges System empfehlen.

11.4 Medizinische Versorgung

Je nach Landesteil, der besucht werden soll, werden verschiedene Impfungen empfohlen. Auskunft erteilen z. B. die Tropen-Institute. Eine Liste findet sich beim Robert-Koch-Institut unter http://www.rki.de/DE/Content/Infekt/Reisemedizin/Adressen.html. Einige Impfungen sind Mehrfach-Impfungen, es sollte daher frühzeitig vor Reiseantritt mit den Impfungen begonnen werden.

Indien hat inzwischen eine Reihe privater Krankenhausketten, die medizinische Versorgung auf höchstem Niveau bieten.

11.5 Hygiene

Die größte Gefahr droht in Indien vom Wasser. Also: Mund zu beim Duschen! Auch zum Zähneputzen sollte Flaschenwasser verwendet werden, dass normalerweise in jedem Hotelzimmer bereitsteht.

Die Devise „Peel it, cook it or forget it" gilt ganz besonders auch für Indien. Anders als in anderen asiatischen Ländern ist es absolut nicht empfehlenswert, Essen oder Getränke auf der Straße zu kaufen.

Die Kühlkette für den Transport von Lebensmitteln ist in Indien nicht gesichert. Der Verzehr gefrorener Lebensmittel, inklusive Eiskreme, ist deshalb nicht empfehlenswert.

11.6   Getting around in India

11.6.1   Auto

Autos kann man in Indien bisher nur mit Fahrer mieten – und das ist gut so! Zum einen herrscht Linksverkehr, zum anderen ist der Verkehr nur als chaotisch zu beschreiben. Die Beschilderung ist schlecht, Navigationssysteme sind im Moment kaum verfügbar.

Für die Strecke von Mumbai nach Pune (ca. 160 km) müssen vier Stunden eingeplant werden. Im Stadtverkehr kommt man über eine Geschwindigkeit von 30–50 km/h kaum hinaus.

Es ist durchaus üblich, dass die indischen Gesprächspartner einen Fahrer schicken. Ansonsten bieten sich ein Fahrer vom Hotel (relativ teuer) oder Taxis an (Fahrpreis wird nach Taxameter berechnet, der oft nicht oder nicht richtig funktioniert: Fahrpreis vorher verhandeln!). Eine gute Alternative an den Flughäfen sind sogenannte „Prepaid Taxis". Etwas teurer als normale Taxen, dafür registriert. Der Fahrpreis für die Prepaids wird an einem Schalter im Flughafengebäude bezahlt.

Uber ist eine günstige Alternative in den Großstädten.

11.6.2   Flugzeug

Flüge sind in Indien der günstigste Weg, weite Strecken zu überbrücken. Neben Air India gibt es ein großes Angebot privater Fluglinien. Ein Flug von Mumbai nach Neu-Delhi dauert ca. zwei Stunden und kostet ca. 120 € (one-way).

Die Sicherheitskontrollen auf indischen Flughäfen sind sehr zeitintensiv. Es wird empfohlen, für Inlandsflüge zwei Stunden vor Abflug und für internationale Flüge drei Stunden vor Abflug am Flughafen zu sein.

11.6.3   Zug

Zugfahren in Indien ist billig, aber sehr zeitintensiv. Die Zugfahrt von Mumbai nach Neu-Delhi dauert 18 h – für immerhin 1400 km. Die Durchschnittsgeschwindigkeit indischer Züge liegt bei 60 bis max. 80 km/h. Schnellzüge, sogenannte „Bullet Trains", sind geplant, aber bisher noch nicht umgesetzt.

Es gibt sieben Zugklassen – Reservierungen sind für alle Klassen nötig:

• Second Class (2S): überfüllte Holzbänke

- Sleeper Class (SL): offene Abteile mit je sechs Liegen (dreistöckig)
- Three Tier Airconditioned Class (3AC): Fenster verglast, klimatisiert
- Two Tier Airconditioned Class (2AC): zweistöckige Liegen, Vorhang zum Gang
- First Class Airconditioned (1AC): nicht in jedem Zug; Kosten ca. wie Flugticket
- Airconditioned Chair Car (CC): klimatisierte Großraumwaggons mit gepolsterten Sitzen
- Second Class sitting (2S): teils klimatisiert, Großraumwaggons mit gepolsterten Sitzen

Reservierungen sind online möglich: Cleartrip (http://www.cleartrip.com/trains) akzeptiert auch ausländische Kreditkarten, während diese von Indian Railways nicht akzeptiert werden.

Reservierungen am Bahnhof dauern mindestens zwei Stunden. Für Ausländer gibt es einen separaten Schalter „Tourist Bureau".

11.6.4 Hotel

Die Hotelsituation hat sich in den letzten Jahren deutlich verbessert und es gibt eine größere Auswahl. Zimmerpreise (beispielhaft; Mumbai im August 2022): 3-Sterne-Hotels (Ibis, Royal Orchid): 60–90 €; 4-Sterne-Hotels: 100–200 €; 5-Sterne-Hotels: 200+ €.

Das Oberoi Hotel in Mumbai wurde 2014 zum besten Hotel der Welt gewählt (Institutional Investors Magazine/USA).

11.7 Trinkgelder und Bettler

Es gibt nur sehr wenige Gelegenheiten, in Indien Trinkgeld zu geben.

Hotel

In Business Hotels wird kein Trinkgeld erwartet oder gegeben.

In anderen Hotels erhält der Bellboy, der die Koffer aufs Zimmer bringt, 20 Indische Rupien pro Gepäckstück. Er wird begehrlich und bittend dreinschauen, die einzelnen Schalter im Zimmer dreimal erklären, doch 20 Rupien sind genug. In manchen Geschäftshotels ist Trinkgeld inzwischen tabu.

Restaurant

Steht auf der Speisekarte „Service tax included", ist kein Trinkgeld nötig. Ist die Service Tax nicht eingeschlossen, sind ca. 10 % Trinkgeld angemessen. Das Trinkgeld wird in bar gegeben, nicht über den Kreditkartenbeleg, denn dann kommt es nicht bei dem Ober an.

Fahrer

Indische Fahrer haben typischerweise einen 10- bis 12-h-Vertrag. Hat man den gleichen Fahrer die ganze Woche und wird es täglich sehr spät (22/23 Uhr), kann man am Ende der Woche 100 Rupien/Tag geben.

Bettler

Ignorieren Sie Bettler komplett. Gleichgültig wie schlimm die Armut scheint, viele der Bettler sind organisiert. Auch bettelnde Kinder werden von den kriminellen Organisatoren streng überwacht.

11.8 Indische Speisen und Getränke

Die internationale Küche hat in den großen Hotels in Indien längst Einzug gehalten. Jenseits der Hotels hat sich in den großen Städten eine hervorragende Restaurantszene entwickelt.

Das indische Essen ist – abgesehen von den Gewürzen – wenig exotisch. Es gibt viele Gemüsegerichte. Bei non-veg ist Hühnchen der Spitzenreiter, gefolgt von Lamm und natürlich Fisch und Meeresfrüchten. Dazu gibt es Reis und verschiedene Fladenbrote.

Man sagt, indisches Essen sei manchmal sehr scharf. Das kommt natürlich auf die persönliche Einschätzung an. Im Gegensatz zu ostasiatischen Ländern ist Essen in Indien ein sozialer Event. Man kann seinen Gastgebern ohne Weiteres sagen, was man gerne isst oder nicht bzw. welcher Schärfegrad angemessen ist.

Vorsicht bei:

- „Jaipur Chillies" – die zweitschärfste Chili-Sorte der Welt!
- „Hyderabadi pickles" – nix von wegen Mixed Pickles! 1000 % Schärfe
- „xyz Jalfrezi" – super scharf (sowohl Fleisch als auch Gemüse)
- „xyz Vindaloo" – richtig scharf, kommt aus Goa, typischerweise Fleisch

Zum Essen wird nicht unbedingt Alkohol getrunken, eher Softdrinks oder Lassi (Joghurt-Getränke). Indische Gastgeber nehmen allerdings keinen Anstoß daran, falls der ausländische Gast Alkohol möchte. Essgeräusche sind in Indien unüblich.

11.9 Gastgeschenke

Gastgeschenke werden gerne entgegengenommen, sind aber nicht zwingend erforderlich. Es gibt keine „Tabu"-Farben für die Geschenkverpackung.

Kommt es zum Austausch von Geschenken, werden diese nicht sofort ausgepackt. Man bedankt sich nur für das Geschenk.

Kündigt sich indischer Besuch in Deutschland an, empfehlen sich einige Vorbereitungen abhängig davon, ob der indische Gast erstmals nach Deutschland kommt oder schon mehrfach zu Besuch war.

Süd-Inder werden in jedem Fall dankbar sein über eine Wettervorhersage und was diese – vor allem im Winter – bezüglich der Kleidung bedeutet.

Die Abholung vom Flughafen sollte unabdingbar zu den Aufgaben des Gastgebers zählen. Natürlich können Inder Taxi fahren und öffentliche Verkehrsmittel benutzen. Die Geste der persönlichen Aufmerksamkeit enthält jedoch hohe Wertschätzung.

12.1 Bewirtung – Speisen – Getränke

Essen ist für Inder von zentraler Bedeutung. In Indien sind drei warme Mahlzeiten keine Seltenheit. Gemeinsam zu essen stärkt das Wir-Gefühl und hilft, auch komplexe Themen schließlich einer Lösung zuzuführen.

Die erste Frage an jeden Gast aus Indien (am besten noch vor der Ankunft in Deutschland) ist: „Are you veg or non-veg?" Lautet die Antwort „veg", sollte die nächste Frage sein: „Are you veg or strictly veg?" Lautet die Antwort „strictly veg", ist genau nachzufragen, was der Gast tatsächlich essen kann/darf.

Viele Inder sind nicht besonders daran interessiert, fremdartige Speisen und/oder Getränke zu probieren. Deutsche Speisen werden überwiegend als zu schwer, zu langweilig, zu wenig gewürzt wahrgenommen.

Da Inder kaum ein direktes „Nein" sagen können, sollte bei Bewirtungsvorschlägen gut zugehört werden! Undeutliche, schwammige Aussagen weisen auf ein

M. E. Flierl und H. Brenner, *Geschäftlich in Indien*, essentials,
https://doi.org/10.1007/978-3-658-40680-6_12

klares „Nein" aus indischer Sicht hin. Bitte keine Experimente bezüglich Lebensmittel/Speisen: besser klare Worte über die Hauptzutaten einer Speise als ein schlechtes Gefühl beim indischen Gast nach dem Essen!

Mit einem Inder in Deutschland in ein indisches Restaurant zu gehen ist keineswegs tabu! Ansonsten bieten sich folgende Spezialitäten an: Italienisch, Griechisch, Türkisch, Thai und nur sehr, sehr bedingt Chinesisch.

In besonders schwierigen Fällen kann dem Besucher auch empfohlen werden, geeignete indische Fertiggerichte mitzubringen.

Was Sie aus diesem *essential* mitnehmen können

- Die persönliche Beziehung und Smalltalk sind in Indien sehr wichtig.
- Der wichtigste Punkt sollte niemals am Anfang einer Verhandlung stehen.
- Anerkennung und Wertschätzung zu zeigen (und zwar unabhängig vom Arbeitsergebnis) ist in Indien unabdingbar.

Weiterführende Informationen/Links

Weiterführende Informationen:

Delta Consultants, Nürnberg Margit E. Flierl	www.delta-consultants.de
Deutsch-indische Außenhandelskammer	http://indien.ahk.de
GTAI – Germany Trade and Invest	https://www.gtai.de/de/trade/welt/asien/Indien
Auswärtiges Amt	https://www.auswaertiges-amt.de/DE/Aussenpolitik/Laender/Indien-node
Indische Botschaft Berlin	https://indianembassyberlin.gov.in/
Deutsche Botschaft in Neu Delhi/Indien	www.new-delhi.diplo.de
Indien Aktuell	www.indienaktuell.de
German Center In Gurgaon (Neu Delhi)	Das German Center in Gurgaon (Gurugram) ist geschlossen
German-Indian Round Table in Deutschland und Indien	www.girt.de

Links:

Aussenwirtschafts-Portal Bayern	Länder – Asien – Indien	https://international.bihk.de
ACMA	Automotive Components Manufacturers Association	www.acma.in
CII	Confederation of Indian Industry	www.cii.in
FIEO	Federation of Indian Export Organisations Verzeichnis indischer Exporteure	www.fieo.org

M. E. Flierl und H. Brenner, *Geschäftlich in Indien*, essentials, https://doi.org/10.1007/978-3-658-40680-6

FICCI	Federation of Indian Chambers of Commerce and Industry	https://ficci.in
Global Edge	Informationen, Statistik, Wirtschaft, Historie, Regierung	http://globaledge.msu.edu
India Image – National Information Centre	Online-Informationen der indischen Regierung	http://www.nic.in
Directorate General of Foreign Trade	Informationen zu Export- und Importbestimmungen	http://dgft.gov.in
Deutsch-indische Gesellschaft		www.dig-ev.de
Indien Institut e. V		www.indien-institut.de

Fachliteratur-, Buch- und Filmempfehlungen erhalten Sie jederzeit gerne von mir kostenlos. Wenden Sie sich per E-Mail an: margit.flierl@delta-consultants.de. *Incredible India!* Lassen Sie sich auf ein faszinierendes und lohnenswertes Abenteuer ein!

Printed in the United States
by Baker & Taylor Publisher Services